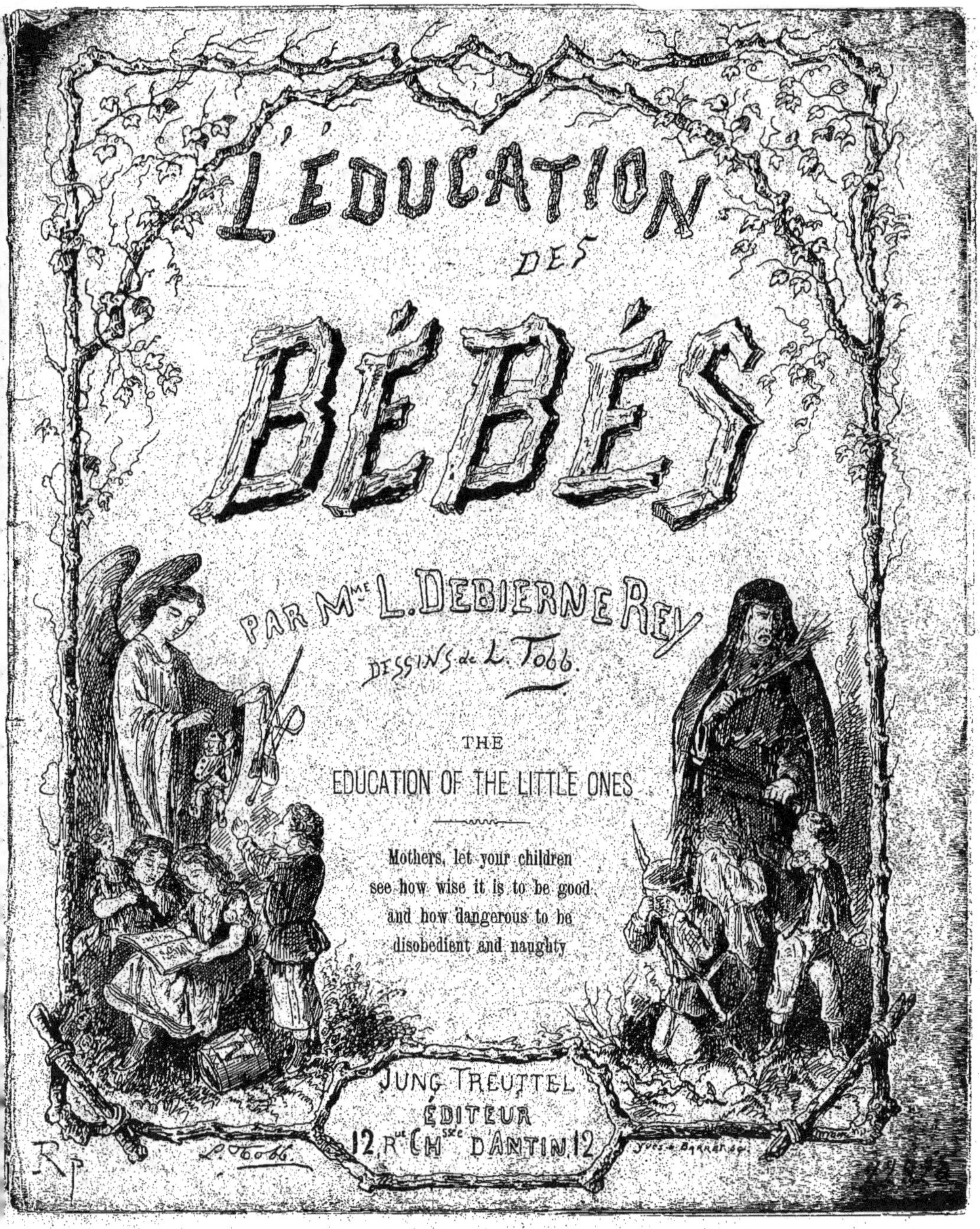

L'ÉDUCATION DES BÉBÉS

PAR Mme L. DEBIERNE REY

DESSINS de L. Tobb

THE

EDUCATION OF THE LITTLE ONES

Mothers, let your children
see how wise it is to be good,
and how dangerous to be
disobedient and naughty

JUNG TREUTTEL
ÉDITEUR
12 Rue Chsée D'ANTIN 12

L'ÉDUCATION DES BÉBÉS

Par Mme L. DEBIERNE-REY

Mères de famille, faites voir à vos Enfants
comme il est bon d'être sage, comme il est dangereux
d'être désobéissant et méchant.

THE EDUCATION OF THE LITTLE ONES

By Mrs L. DEBIERNE-REY

Mothers, let your children see how wise
it is to be good and how dangerous to be disobedient
and naughty.

LE RÉVEIL
ON WAKING

Quelle aimable enfant !
Elle sourit et tend les bras en s'éveillant.

What an amiable child !
She smiles and stretches out her arms as soon as she wakes.

LE RÉVEIL

ON WAKING

Comme il est vilain ce petit garçon, qui pleure en ouvrant les yeux !

What a naughty little boy. He cries as soon as he opens his eyes.

LE BONJOUR

GOOD MORNING

Comme elle embrasse de tout son petit cœur son papa et sa maman, cette chère petite fille !

Dear little girl, she kisses her papa and mamma with all her good little heart.

LE BONJOUR

GOOD MORNING

Oh ! la méchante, qui arrache le visage à sa bonne !	Oh ! naughty girl to scratch nurse's face.

LA PRIÈRE

PRAYER

On croirait voir un petit ange dans cette enfant qui fait sa prière.

You would think you saw an angel in this child who is saying his prayers.

LA PRIÈRE
PRAYER

Il joue, ce vilain garçon, au lieu de prier le bon Dieu comme sa sœur.

This naughty boy is playing instead of praying to the good God like his sister.

LA TOILETTE

DRESSING

Qu'elle est gentille cette petite fille, qui se laisse bien débarbouiller, peigner et habiller !

What a nice little girl to let herself be washed, and combed and dressed.

LA TOILETTE
DRESSING

Oh ! le vilain garçon, qui se
sauve quand on l'habille !
Il a peur de l'eau.

Oh ! bad boy to run away
when he is being dressed ! He is
afraid of the water.

LA PATIENCE
PATIENCE

Comme elle est patiente, cette belle petite ! elle attend sa maman pour sortir, et elle joue avec sa poupée en attendant.	Sweet little one ! how patient she is ! waiting for her mamma to go out and playing with her doll.

LA PATIENCE
PATIENCE

Comment, Monsieur, vous êtes habillé pour la promenade et vous barbotez dans la cuvette ! Bon ! la voici renversée, vous êtes tout mouillé : au lit ! au lit !	What sir ! You are dressed for a walk and are you splashing in the basin ? There it is upset, you are wet through : go to bed ! go to bed !

L'ORDRE ET LE DÉSORDRE
ORDER AND DISORDER

Quelle belle poupée! quels beaux joujoux, ma petite amie! — Oui, madame; c'est papa et maman qui m'ont donné mes étrennes.

What a lovely doll! what beautiful playthings, my little friend! Yes ma'am, papa and mamma gave me them for new year's gifts.

L'ORDRE ET LE DÉSORDRE
ORDER AND DISORDER

Et toi, petit, où sont tes joujoux? — Les voici. — Comment ! le polichinelle sans jambes, la voiture sans roues, le ballon crevé : quel massacre ! on ne donnera plus de joujoux à l'enfant qui casse tout.

And you, little boy, where are your playthings ? Here they are. What ! punch without legs, the cart without wheels, the ball burst! what ruin ! We shall give no more playthings to the child who breaks every thing.

L'OBÉISSANCE ET LA DÉSOBÉISSANCE
OBEDIENCE AND DISOBEDIENCE

Sois sage, ma chérie, je reviendrai dans un quart d'heure. Oui, maman, je vais finir mon canevas ; et l'obéissante petite fille travaille sans lever les yeux.

Be good, my darling, I shall be back in a quarter of an hour. Yes, mamma, I will finish my sampler ; and the obedient little girl works without raising her eyes.

L'OBÉISSANCE ET LA DÉSOBÉISSANCE
OBEDIENCE AND DISOBEDIENCE

Vite, au secours! les vêtements de cette enfant sont en feu! Quels cris! Hélas! il est trop tard, la pauvre petite est brûlée. Elle a joué avec des allumettes, le feu a pris à son tablier. Elle va mourir.

Help, quick! this child's clothes are on fire! what screams! Alas! it is too late, the poor little thing is burnt to death. She has been playing with matches and has set her apron on fire. She will die.

LES MALHEURS DE LA DÉSOBÉISSANCE
THE EVILS OF DISOBEDIENCE

Elle est morte, la pauvre enfant qui a joué avec les allumettes chimiques ! Comme son papa et sa pauvre maman pleurent !

The poor little child who played with lucifer matches is dead ! How her papa and poor mother are crying !

LES MALHEURS DE LA DÉSOBÉISSANCE
THE EVILS OF DISOBEDIENCE

Quelle est cette tombe ? C'est la tombe de la pauvre petite qui a joué avec les allumettes ; ses parents, hélas ! pleurent sur son tombeau.

What is this grave ? It is the grave of the poor little girl who played with matches ; alas ! her parents are weeping over her tomb.

3

LE MAINTIEN
GOOD BEHAVIOUR

Comme il se tient bien ce cher petit garçon, pendant que sa maman reçoit ses amies ! il ne trouble personne : on dirait un grand monsieur.

How well this dear little boy behaves while his mamma receives visitors ! He disturbs nobody : you would say he was grown up.

LE MAINTIEN
GOOD BEHAVIOUR

Voulez-vous ne pas monter sur les chaises, sur la table, vilain petit! Vous allez tomber!! Bon, le voici par terre, il s'est fendu la tête, le sang coule. Un médecin! un médecin!

Don't climb on the chairs and table, naughty boy! You will fall!! There, he is on the ground, he has broken his head, it is bleeding. A doctor! a doctor!

LA TENUE A TABLE
BEHAVIOUR AT MEALS

Comme ils se tiennent bien à table, ces chers petits! ils attendent qu'on les serve, ils ne parlent que si on les interroge.

How well these dear little ones behave at table; they wait till they are helped, they only speak when any one asks them a question.

LA TENUE A TABLE
BEHAVIOUR AT MEALS

Quel tapage font ces bébés! ils renversent leurs verres, ils crient, ils veulent de tout, ils mettent leurs doigts dans leurs assiettes; emmenez-les, qu'ils mangent avec le chat!

What an uproar these children are making, they are upsetting their glasses, screaming, wishing for every thing, putting their fingers in their plates. Take them away, let them go and eat with the cat!

LA DISCRÉTION ET LA GOURMANDISE
MODERATION AND GREEDINESS

Ah ! la jolie petite fille qui aide à ôter le couvert ! elle ne touche à rien, car elle n'est pas du tout gourmande.

Ah ! darling little girl who is helping to clear away the cloth ! she does not touch any thing for she is not at all greedy.

LA DISCRÉTION ET LA GOURMANDISE
MODERATION AND GREEDINESS

Ah ! la gourmande ; elle s'est glissée dans la salle à manger, elle se jette sur les gâteaux, elle se presse, elle étouffe, elle devient toute rouge. Vite un docteur ! un docteur !

Ah ! greedy girl ; she has slipped into the dining room, she falls upon the cakes, she makes haste, she chokes, she becomes red in the face. Quick fetch the doctor! the doctor !

LA LECTURE
READING

Comme il est sage ce petit garçon qui apprend à lire ! Jamais il ne pleure, aussi il saura lire bien vite, et on lui donnera de beaux livres avec de belles images.	How good this little boy is who is learning to read! he never cries, consequently he will very quickly be able to read and will have beautiful books with fine pictures given him.

LA LECTURE
READING

Oh ! le paresseux ! il bâille, il pleure, il se met en colère lorsqu'on veut le faire lire. Vite dans le coin, et qu'on lui mette le bonnet d'âne avec les grandes oreilles rouges !

Ah ! the lazy boy ! he yawns, he cries, he gets into a rage when he is wanted to read. Quick into the corner with him and put him on the fools'cap with great red ears.

4

LA VANITÉ, LA BIENVEILLANCE
VANITY AND KINDNESS

Nous ne jouerons pas avec vous, mademoiselle, vous n'avez pas une robe assez belle.

We will not play with you, Miss, your dress is not pretty enough.

LA VANITÉ, LA BIENVEILLANCE
VANITY AND KINDNESS

Venez, venez, pauvre petite, ne pleurez pas, vous allez jouer avec nous : comme si pour s'amuser il fallait avoir une robe de soie !

Come, come, poor little girl, do not cry, you shall play with us; just as if one wanted a silk dress to be happy.

QUERELLE ET UNION
QUARELLING AND UNITY

Rends-moi ma balle. — C'est la mienne! — Eh bien! cours après. Ah! les malheureux enfants, ils se battent, ils roulent par terre, un des deux a la jambe cassée.

Give me back my ball! it's mine! very well! run after it. Ah! wretched children they fight, they roll on they ground, one has broken his leg.

QUERELLE ET UNION
QUARELLING AND UNITY

Quelle vue charmante que ces quatre enfants toujours d'accord : les deux plus âgés caressant, protégeant les plus jeunes et s'aimant tendrement !

How charming it is see four children always agreeing : the two oldest caressing and protecting the two youngest and loving one another.

LE VOL

STEALING

Petit enfant, il volait des pommes, des plumes, des joujoux, on riait de cela, on ne l'a pas corrigé. Il sera voleur un jour.	As a little child, he stole apples pens and playthings they laughed at that, and did not correct him. One day he will become a thief.

LE VOL

STEALING

Oui, il est devenu voleur. Il vient de forcer le secrétaire de ses parents..... Horreur!! il finira aux galères!! Son père et sa mère en mourront de honte et de désespoir.	Yes! a thief, he has just broken open the secretary of his parents. Horror! he will end his life at the galley, and his father and mother will die of shame and despair

BON CŒUR

KIND HEARTEDNESS

La charité, s'il vous plaît, à un pauvre aveugle! — Pauvre homme! voici le sou de mon goûter; il n'a pas mangé depuis le matin.

Charity, if you please, for a poor blind man! Poor man. Here is the half-penny for my lunch; he has had nothing to eat since the morning.

BON CŒUR
KIND HEARTEDNESS

Cher petit enfant, ta mère est bienheureuse de te savoir un bon cœur, et ton ange gardien doit porter ton petit sacrifice aux pieds du bon Dieu.

Dear little child, your mother is very happy to see you so kind hearted and your guardian angel will carry your little sacrifice to the feet of the good God.

5

ÉGOÏSME

SELFISHNESS

Voici le petit marmiton qui a laissé tomber son panier d'œufs, il pleure, il se désole, il n'osera jamais rentrer à la boutique : il sera battu.

Look at the little scullion who has dropped his basket of eggs, he is crying, he is in despair, he will not dare go back to the shop : he will be beaten.

ÉGOÏSME
SELFISHNESS

Les passants, touchés de sa douleur, font une quête. — Le petit égoïste cache son sou dans sa poche et tire sa bonne pour s'en aller.

The passer's touched with his grief are making a collection. The selfish little boy hides his halfpenny in his pocket and pulls his nurse to go away.

LA GENTILLESSE ET LA GROSSIÈRETÉ
KINDNESS AND RUDENESS

Comme elle est gracieuse cette bonne petite fille, s'empressant de passer sa tabatière à son grand-papa !

How polite this good little girl is, hastening to pass her grand-papa his snuff-box.

LA GENTILLESSE ET LA GROSSIÈRETÉ
KINDNESS AND RUDENESS

Voyez ce garçon mal élevé : il cogne le nez de cette pauvre dame, qui voit à peine, en passant son livre à son camarade.

Look at that ill-bred boy : as he is passing his book to his companion, he knocks the nose of this poor lady who can hardly see.

TRAVAIL ET PARESSE
WORK AND IDLENESS

Comme ils disent bien leur compliment, à la fête et au jour de l'an, à leurs chers parents, ces bons petits enfants; aussi, combien ils font plaisir !

How well these good little children pay their compliments on fête days and new year's day to their parents : consequently how much pleasure they give.

TRAVAIL ET PARESSE
WORK AND IDLENESS

Ah! les petits paresseux qui vien-
nent, les deux bras ballants, souhai-
ter la bonne année et la fête à leurs
parents, que c'est honteux! aussi
pas de cadeaux aux petits paresseux.

Ah! the little idlers who come
with their two arms swinging to
wish their parents a happy new
year and many happy returns of
the day wat a shame! consequently
no gifts for little idlers.

OBÉISSEZ TOUJOURS
BE ALWAYS OBEDIENT

Charles, ne traversez pas la rue sans me donner la main; ah ! le malheureux enfant, il s'élance... une voiture le renverse... le voici sous les roues... Il est écrasé... Il est mort ! ! Quélle horreur !

Charles, don't cross the road without giving me your hand. Ah the naughty child, he springs forward. — A coach upsets him, there he is under the wheels he is run over. — He is dead. — How horrible.

OBÉISSEZ TOUJOURS
BE ALWAYS OBEDIENT

Ma petite, restez auprès de moi.
L'enfant désobéit..., s'éloigne...,
court..., une vieille femme la saisit,
étouffe ses cris sous son châle de
laine, et se sauve... Ah ! pauvre
petite, elle, si heureuse, elle sera
mendiante et battue ; quel mal-
heur ! et sa maman, elle mourra
de douleur.

My little girl, stay by me. The
child is disobedient, goes away...,
runs.... au old woman seizes
her, stifles her cries under her
woollen shawl and runs away. —
Ah ! poor little girl, she, so happy
will be a beggar and be beaten !
as for her mamma she shall dy
of grief.

L'EDUCATION DES BÉBÉS

Enfants, enfants, voici le Père Noël, le Vieux Janvier qui vous apportent les Noëls et les Étrennes.

Voyez, chérubins roses, voyez les bonbons, les surprises, les joujoux, les poupées aux enfants sages, gentils, obéissants; voyez les bonnets d'âne, les verges aux enfants paresseux, entêtés, colères et désobéissants.

Children, children, here is Father Christmas, and Old January who are bringing you presents for Christmas and the New year

See, my rosy cherubs, see sweetmeats, surprises, play-things, dools for good, polite and obedient children; see folls'caps and rods for lazy, obstinate, passionate and disobedient children.

3660.74. — Boulogne (Seine). — Imprimerie JULES BOYER.
Administration : 11, rue Neuve-St-Augustin, à Paris.

Boulogne (Seine). — Imprimerie JULES BOYER.
Administration : rue Neuve-Saint-Augustin, 44, à Paris.